배리 리처드 · 옮김
온 성빈

# 내 영혼이 따뜻했던 날들

## 일러두기

※ 변상도는 범어사 소장 『금강반야바라밀경(1570, 안동 광흥사본)』을 기준으로 하였으며,
　『금강경 오가해』를 참고하여 재구성하였습니다.

※ 사경은 고려대장경 구마라집 한역의 『금강반야바라밀경』 원문을 기준으로 하였으며, 일부 이체자(異體字)를 사용하기도 하였습니다.
　현재 사용되는 인쇄체 글자와 다른 모양의 고체가 있어 사경의 묘미를 느낄 수 있습니다.

※ 한글 번역은 '조계종 표준 『금강반야바라밀경』'(대한불교조계종 교육원 편역)입니다.

※ 이 책은 신행(信行)을 위한 '사불(寫佛) · 사경(寫經)'의 목적으로 제작되었습니다.
　붓펜, 금니펜 등으로 선을 따라 '사불 · 사경' 하시기를 권장합니다.

편저_ 선웅

변상_ 최학

사경_ 리송재

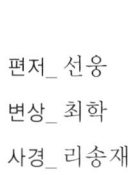

**제1 변상**

세존께서 상단의 사위대성에서 나와 본래의 처소로 돌아
가시는 장면이다.

金剛般若波羅蜜經

姚秦三藏沙門鳩摩羅什譯

法會因由分第一

如是我聞一時佛在舍衛國祇樹給孤獨園

與大比丘眾千二百五十人俱爾時世尊食

時著衣持鉢入舍衛大城乞食於其城中次

第乞已還至本處飯食訖收衣鉢洗足已敷

座而坐

**제1 법회인유분 : 법회의 인연**

이와 같이 나는 들었습니다. 어느 때 부처님께서 거룩한 비구 천이백오십 명과 함께 사위국 기수급고독원에 계셨습니다.

그때 세존께서는 공양 때가 되어 가사를 입고 발우를 들고 걸식하고자 사위대성에 들어가셨습니다.

성 안에서 차례로 걸식하신 후 본래의 처소로 돌아와 공양을 드신 뒤 가사와 발우를 거두고 발을 씻으신 다음 자리를 펴고 앉으셨습니다.

## 제2 변상

장로 수보리가 대중 가운데 있다가 자리에서 일어나 오른
쪽 어깨를 드러내고, 오른 무릎을 땅에 대며 합장하고 공
손히 상단의 세존을 향해 사뢰는 장면이다.

善現起請分第二

時長老須菩提在大衆中即從座起偏袒右
肩右膝著地合掌恭敬而白佛言希有世尊
如来善護念諸菩薩善付囑諸菩薩世尊善
男子善女人發阿耨多羅三藐三菩提心應
云何住云何降伏其心佛言善哉善哉須菩
提如汝所說如来善護念諸菩薩善付囑諸
菩薩汝今諦聽當為汝說善男子善女人發
阿耨多羅三藐三菩提心應如是住如是降
伏其心唯然世尊願樂欲聞

**제2 선현기청분 : 수보리가 법을 물음**

그때 대중 가운데 있던 수보리 장로가 자리에서 일어나 오른쪽 어깨를 드러내고 오른 무릎을 땅에 대며 합장하고 공손히 부처님께 여쭈었습니다.

"경이롭습니다, 세존이시여! 여래께서는 보살들을 잘 보호해 주시며 보살들을 잘 격려해 주십니다.

세존이시여! 가장 높고 바른 깨달음을 얻고자 하는 선남자 선여인이 어떻게 살아야 하며 어떻게 그 마음을 다스려야 합니까?"

부처님께서 말씀하셨습니다. "훌륭하고 훌륭하다. 수보리여! 그대의 말과 같이 여래는 보살들을 잘 보호해 주며 보살들을 잘 격려해 준다.

그대는 자세히 들어라. 그대에게 설하리라. 가장 높고 바른 깨달음을 얻고자 하는 선남자 선여인은 이와 같이 살아야 하며 이와 같이 그 마음을 다스려야 한다."

"예, 세존이시여!"라고 하며 수보리는 즐거이 듣고자 하였습니다.

## 제3 변상

하단은 일체 중생의 종류인 난생과 태생, 습생과 화생을
나타내고, 중단은 항복기심(降伏其心)의 장면이다. 상단
은 세존께서 온갖 중생을 무여열반에 들어가게 해 모두
멸도한다는 의미를 담고 있다.

大乘正宗分第三

佛告須菩提諸菩薩摩訶薩應如是降伏其心所有一切眾生之類若卵生若胎生若濕生若化生若有色若無色若有想若無想非有想非無想我皆令入無餘涅槃而滅度之如是滅度無量無數無邊眾生實無眾生得滅度者何以故須菩提若菩薩有我相人相眾生相壽者相即非菩薩

## 제3 대승정종분 : 대승의 근본 뜻

부처님께서 수보리에게 말씀하셨습니다.

"모든 보살마하살은 다음과 같이 그 마음을 다스려야 한다. '알에서 태어난 것이나, 태에서 태어난 것이나, 습기에서 태어난 것이나, 변화하여 태어난 것이나,

형상이 있는 것이나, 형상이 없는 것이나, 생각이 있는 것이나, 생각이 없는 것이나, 생각이 있는 것도 아니고 없는 것도 아닌 온갖 중생들을 내가 모두 완전한 열반에 들게 하리라.

이와 같이 헤아릴 수 없이 많은 중생을 열반에 들게 하였으나, 실제로는 완전한 열반을 얻은 중생이 아무도 없다.'

왜냐하면 수보리여! 보살에게 자아가 있다는 관념, 개아가 있다는 관념, 중생이 있다는 관념, 영혼이 있다는 관념이 있다면 보살이 아니기 때문이다."

## 제4 변상

세존께서 수보리에게 질문을 던지는 장면으로, 하늘의 별
자리는 허공을, 일월(日月)은 동서남북 방위를 의미한다.
上·中·下는 간방, 상하, 허공으로 표현됐다.

妙行无住分第四

復次須菩提菩薩於法應无所住行於布施
所謂不住色布施不住聲香味觸法布施須
菩提菩薩應如是布施不住於相何以故若
菩薩不住相布施其福德不可思量須菩提
於意云何東方虛空可思量不不也世尊須
菩提南西北方四維上下虛空可思量不不
也世尊須菩提菩薩无住相布施福德亦復
如是不可思量須菩提菩薩但應如所教住

**제4 묘행무주분 : 집착 없는 보시**

"또한 수보리여! 보살은 어떤 대상에도 집착 없이 보시해야 한다. 말하자면 형색에 집착 없이 보시해야 하며 소리, 냄새, 맛, 감촉, 마음의 대상에도 집착 없이 보시해야 한다.

수보리여! 보살은 이와 같이 보시하되 어떤 대상에 대한 관념에도 집착하지 않아야 한다. 왜냐하면 보살이 대상에 대한 관념에 집착 없이 보시한다면 그 복덕은 헤아릴 수 없기 때문이다.

수보리여! 그대 생각은 어떠한가? 동쪽 허공을 헤아릴 수 있겠는가?"

"없습니다, 세존이시여!"

"수보리여! 남서북방, 사이사이, 아래 위 허공을 헤아릴 수 있겠는가?"

"없습니다, 세존이시여!"

"수보리여! 보살이 대상에 대한 관념에 집착하지 않고 보시하는 복덕도 이와 같이 헤아릴 수 없다. 수보리여! 보살은 반드시 가르친 대로 살아야 한다."

**제5 변상**

상단은 『금강경 오가해』 야부도천의 「금강경송」에서 "몸
이 바다 가운데 있으면서 물을 찾지 말고 매일 산 위를 행
하면서 산을 찾지 말라. 꾀꼬리 울음과 제비 지저귐이 서
로 비슷하니 전삼과 더불어 후삼을 묻지 말라."를 표현하
였다.

如理實見分第五

須菩提 於意云何 可以身相見如來不 不也
世尊 不可以身相得見如來 何以故 如來所
說身相即非身相 佛告須菩提 凡所有相皆
是虛妄 若見諸相非相則見如來

# 제5 여리실견분 : 여래의 참모습

"수보리여! 그대 생각은 어떠한가? 신체적 특징을 가지고 여래라고 볼 수 있는가?"

"없습니다, 세존이시여! 신체적 특징을 가지고 여래라고 볼 수는 없습니다. 왜냐하면 여래께서 말씀하신 신체적 특징은 바로 신체적 특징이 아니기 때문입니다."

부처님께서 수보리에게 말씀하셨습니다. "신체적 특징들은 모두 헛된 것이니 신체적 특징이 신체적 특징 아님을 본다면 바로 여래를 보리라."

**제6 변상**

상단은 다섯 부처님의 선근과 청정한 믿음을 내는 자에
대한 내용을 뜻하며, 하단은 『금강경 오가해』 중 선인(仙
人)을 표현하고 있다.

正信希有分第六

須菩提白佛言世尊頗有眾生得聞如是言
說章句生實信不佛告須菩提莫作是說如
來滅後後五百歲有持戒修福者於此章句
能生信心以此為實當知是人不於一佛二
佛三四五佛而種善根已於無量千萬佛所
種諸善根聞是章句乃至一念生淨信者須
菩提如來悉知悉見是諸眾生得如是無量
福德何以故是諸眾生無復我相人相眾生
相壽者相无法相亦无非法相何以故是諸
眾生若心取相則為著我人眾生壽者若取

## 제6 정신희유분 : 깊은 믿음

수보리가 부처님께 여쭈었습니다. "세존이시여! 이와 같은 말씀을 듣고 진실한 믿음을 내는 중생들이 있겠습니까?"

부처님께서 수보리에게 말씀하셨습니다. "그런 말 하지 말라. 여래가 열반에 든 오백 년 뒤에도 계를 지니고 복덕을 닦는 이는 이러한 말에 신심을 낼 수 있고 이것을 진실한 말로 여길 것이다.

이 사람은 한 부처님이나 두 부처님, 서너 다섯 부처님께 선근을 심었을 뿐만 아니라 이미 한량없는 부처님 처소에서 여러 가지 선근을 심었으므로

이 말씀을 듣고 잠깐이라도 청정한 믿음을 내는 자임을 알아야 한다. 수보리여! 여래는 이러한 중생들이 이와 같이 한량없는 복덕 얻음을 다 알고 다 본다.

왜냐하면 이러한 중생들은 다시는 자아가 있다는 관념, 개아가 있다는 관념, 중생이 있다는 관념, 영혼이 있다는 관념이 없고, 법이라는 관념이 없으며 법이 아니라는 관념도 없기 때문이다.

法相即著我人眾生壽者何以故若取非法
相即著我人眾生壽者是故不應取法不應
取非法以是義故如來常說汝等比丘知我
說法如筏喻者法尚應捨何況非法

왜냐하면 이러한 중생들이 마음에 관념을 가지면 자아·개아·중생·영혼에 집착하는 것이고 법이라는 관념을 가지면 자아·개아·중생·영혼에 집착하는 것이기 때문이다.
왜냐하면 법이 아니라는 관념을 가져도 자아·개아·중생·영혼에 집착하는 것이기 때문이다. 그러므로 법에 집착해도 안 되고 법 아닌 것에 집착해서도 안 된다.
그러기에 여래는 늘 설했다. 너희 비구들이여! 나의 설법은 뗏목과 같은 줄 알아라. 법도 버려야 하거늘 하물며 법 아닌 것이랴!"

## 제7 변상

우측은 6분 중 설법과 뗏목에 대한 내용, 좌측은 『금강경
오가해』 7분 야부도천 『금강경송』의 "바른 사람이 삿된 법
을 말하면 사법이 정에 돌아오고 삿된 사람이 정법을 말
하면 바른 법이 사에 돌아가도다. 강북에서는 탱자가 되
고 강남에서는 귤이 됨이여, 봄이 오면 똑같이 꽃피도
다."라는 내용이다.

无得无說 分第七

須菩提於意云何如來得阿耨多羅三藐三
菩提耶如來有所說法耶須菩提言如我解
佛所說義无有定法名阿耨多羅三藐三菩
提亦无有定法如來可說何以故如來所說
法皆不可取不可說非法非非法所以者何
一切賢聖皆以无為法而有差別

**제7 무득무설분 : 깨침과 설법이 없음**

"수보리여! 그대 생각은 어떠한가? 여래가 가장 높고 바른 깨달음을 얻었는가? 여래가 설한 법이 있는가?"

수보리가 대답하였습니다.

"제가 부처님께서 말씀하신 뜻을 이해하기로는 가장 높고 바른 깨달음이라 할 만한 정해진 법이 없고 또한 여래께서 설한 단정적인 법도 없습니다.

왜냐하면 여래께서 설한 법은 모두 얻을 수도 없고 설할 수도 없으며, 법도 아니고 법 아님도 아니기 때문입니다.

그것은 모든 성현들이 다 무위법 속에서 차이가 있는 까닭입니다."

**제8 변상**

상단은 '칠보 보시' 장면이다. 하단은 비구가 손에 든 4개
의 가지를 가진 나무로 사구게를 형상화하고 있다.

依法出生分第八

須菩提於意云何若人滿三千大千世界七
寶以用布施是人所得福德寧為多不須菩
提言甚多世尊何以故是福德即非福德性
是故如來說福德多若復有人於此經中受
持乃至四句偈等為他人說其福勝彼何以
故須菩提一切諸佛及諸佛阿耨多羅三藐
三菩提法皆從此經出須菩提所謂佛法者
即非佛法

**제8 의법출생분 : 부처와 깨달음의 어머니, 금강경**

"수보리여! 그대 생각은 어떠한가? 어떤 사람이 삼천대천세계에 칠보를 가득 채워 보시한다면 이 사람의 복덕이 진정 많겠는가?"

수보리가 대답하였습니다. "매우 많습니다, 세존이시여! 왜냐하면 이 복덕은 바로 복덕의 본질이 아닌 까닭에 여래께서는 복덕이 많다고 하셨기 때문입니다."

"다시 어떤 사람이 이 경의 사구게만이라도 받고 지니고 다른 사람을 위해 설해 준다고 하자. 그러면 이 복이 저 복보다 더 뛰어나다.

왜냐하면 수보리여! 모든 부처님과 모든 부처님의 가장 높고 바른 깨달음의 법은 다 이 경에서 나왔기 때문이다.

수보리여! 부처의 가르침이라고 말하는 것은 부처의 가르침이 아니다."

## 제9 변상

상단은 수다원, 사다함, 아나함 및 수다원과와 아나함과
에 대한 대화 장면이며, 하단은 『금강경 오가해』 야부도
천의 『금강경송』에서 비유한 조개 속의 밝은 구슬과 푸른
옥, 사향노루와 구족에 대한 내용을 형상화하였다.

阿那含

斯陀含

須陀洹

一相无相分第九

須菩提於意云何須陀洹能作是念我得須
陀洹果不須菩提言不也世尊何以故須陀
洹名為入流而无所入不入色聲香味觸法
是名須陀洹須菩提於意云何斯陀含能作
是念我得斯陀含果不須菩提言不也世尊
何以故斯陀含名一往来而實无往来是名
斯陀含須菩提於意云何阿那含能作是念
我得阿那含果不須菩提言不也世尊何以
故阿那含名為不来而實无来是故名阿那
舍須菩提於意云何阿羅漢能作是念我得

### 제9 일상무상분 : 관념과 그 관념의 부정

"수보리여! 그대 생각은 어떠한가? 수다원이 '나는 수다원과를 얻었다.'고 생각하겠는가?"

수보리가 대답하였습니다. "아닙니다, 세존이시여! 왜냐하면 수다원은 '성자의 흐름에 든 자'라고 불리지만 들어간 곳이 없으니

형색, 소리, 냄새, 맛, 감촉, 마음의 대상에 들어가지 않는 것을 수다원이라 하기 때문입니다."

"수보리여! 그대 생각은 어떠한가? 사다함이 '나는 사다함과를 얻었다.'고 생각하겠는가?"

수보리가 대답하였습니다. "아닙니다, 세존이시여! 왜냐하면 사다함은 '한 번만 돌아올 자'라고 불리지만 실로 돌아옴이 없는 것을 사다함이라 하기 때문입니다."

"수보리여! 그대 생각은 어떠한가? 아나함이 '나는 아나함과를 얻었다.'고 생각하겠는가?"

수보리가 대답하였습니다. "아닙니다, 세존이시여! 왜냐하면 아나함은 '되돌아오지 않는 자라고 불리지만 실로 되돌아오지 않음이 없는 것을 아나함이라 하기 때문입니다."

"수보리여! 그대 생각은 어떠한가? 아라한이 '나는 아라한의 경지를 얻었다.'고 생각하겠는가?"

阿羅漢道不湏菩提言不也世尊何以故實
无有法名阿羅漢世尊若阿羅漢作是念我
說我得无諍三昧人中最為第一是第一離
得阿羅漢道即為著我人衆生壽者世尊佛
欲阿羅漢我不作是念我是離欲阿羅漢世
尊我若作是念我得阿羅漢道世尊則不說
湏菩提是樂阿蘭那行者以湏菩提實无所
行而名湏菩提是樂阿蘭那行

수보리가 대답하였습니다. "아닙니다, 세존이시여! 왜냐하면 실제 아라한이라 할 만한 법이 없기 때문입니다.
세존이시여! 아라한이 '나는 아라한의 경지를 얻었다.'고 생각한다면 자아 · 개아 · 중생 · 영혼에 집착하는 것입니다.
세존이시여! 부처님께서 저를 다툼 없는 삼매를 얻은 사람 가운데 제일이고 욕망을 여읜 제일가는 아라한이라고 말씀하셨습니다.
저는 '나는 욕망을 여읜 아라한이다.'라고 생각하지 않습니다.
세존이시여! 제가 '나는 아라한의 경지를 얻었다.'고 생각한다면 세존께서는 '수보리는 적정행을 즐기는 사람이다.
수보리는 실로 적정행을 한 것이 없으므로 수보리는 적정행을 즐긴다고 말한다.'라고 설하지 않으셨을 것입니다."

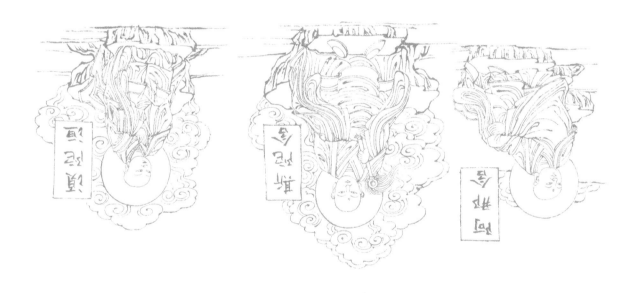

## 제10 변상

상단에서는 보살이 불국토를 장엄하는 내용을, 하단에서
는 "어떤 사람의 몸이 수미산만큼 크다면" 어떨지를 형상
화하고 있다.

莊嚴淨土分第十

佛告湏菩提於意云何如来昔在然燈佛所
於法有所得不世尊如来在然燈佛所於法
實无所得湏菩提於意云何菩薩莊嚴佛土
不不也世尊何以故莊嚴佛土者則非莊嚴
是名莊嚴是故湏菩提諸菩薩摩訶薩應如
是生清淨心不應住色生心不應住聲香味
觸法生心應无所住而生其心湏菩提譬如
有人身如湏弥山王於意云何是身為大不
湏菩提言甚大世尊何以故佛說非身是名
大身

**제10 장엄정토분 : 불국토의 장엄**

부처님께서 수보리에게 말씀하셨습니다. "그대 생각은 어떠한가? 여래가 옛적에 연등부처님 처소에서 법을 얻은 것이 있는가?"

"없습니다, 세존이시여! 여래께서 연등부처님 처소에서 실제로 법을 얻은 것이 없습니다."

"수보리여! 그대 생각은 어떠한가? 보살이 불국토를 아름답게 꾸미는가?"

"아닙니다, 세존이시여! 왜냐하면 불국토를 아름답게 꾸민다는 것은 아름답게 꾸미는 것이 아니므로 아름답게 꾸민다고 말하기 때문입니다."

"그러므로 수보리여! 모든 보살마하살은 이와 같이 깨끗한 마음을 내어야 한다.

형색에 집착하지 않고 마음을 내어야 하고 소리, 냄새, 맛, 감촉, 마음의 대상에도 집착하지 않고 마음을 내어야 한다.

마땅히 집착 없이 그 마음을 내어야 한다. 수보리여! 어떤 사람의 몸이 산들의 왕 수미산만큼 크다면 그대 생각은 어떠한가? 그 몸이 크다고 하겠는가?"

수보리가 대답하였습니다. "매우 큽니다, 세존이시여! 왜냐하면 부처님께서는 몸 아님을 설하셨으므로 큰 몸이라 말씀하셨기 때문입니다."

**제11 변상**

"항하들만 해도 헤아릴 수 없이 많은데 하물며 그것의 모래이겠습니까?"라는 내용이 모래를 가리키는 수보리의 모습으로 표현됐다.

无為福勝分第十一

須菩提如恒河中所有沙數如是沙等恒河
於意云何是諸恒河沙寧為多不須菩提言
甚多世尊但諸恒河尚多无數何況其沙須
菩提我今實言告汝若有善男子善女人以
七寶滿尒所恒河沙數三千大千世界以用
布施得福多不須菩提言甚多世尊佛告須
菩提若善男子善女人於此経中乃至受持
四句偈等為他人說而此福德勝前福德

**제11 무위복승분 : 무위법의 뛰어난 복덕**

"수보리여! 항하의 모래 수만큼 항하가 있다면 그대 생각은 어떠한가? 이 모든 항하의 모래 수는 진정 많다고 하겠는가?"

수보리가 대답하였습니다. "매우 많습니다, 세존이시여! 항하들만 해도 헤아릴 수 없이 많은데 하물며 그것의 모래이겠습니까?"

"수보리여! 내가 지금 진실한 말로 그대에게 말한다. 선남자 선여인이 그 항하 모래 수만큼의 삼천대천세계에 칠보를 가득 채워 보시한다면 그 복덕이 많겠는가?"

수보리가 대답하였습니다. "매우 많습니다, 세존이시여!"

부처님께서 수보리에게 말씀하셨습니다. "선남자 선여인이 이 경의 사구게만이라도 받고 지니고 다른 사람을 위해 설해 준다면 이 복이 저 복보다 더 뛰어나다."

## 제12 변상

하단은 12분 중 경전을 수지하고 독송하는 장면이며, 상
단은 『금강경 오가해』 육조혜능의 「금강경구결」에서 "무
소득심으로 이 경을 설한 자는 천룡팔부가 다 와서 듣고
받아 가짐을 느끼지만"을 표현하고 있다.

天龍八部

受持経處

尊重正教分第十二

復次須菩提隨說是經乃至四句偈等當知此處一切世間天人阿修羅皆應供養如佛塔廟何況有人盡能受持讀誦須菩提當知是人成就最上第一希有之法若是經典所在之處則為有佛若尊重弟子

**제12 존중정교분 : 올바른 가르침의 존중**

"또한 수보리여! 이 경의 사구게만이라도 설해지는 곳곳마다 어디든지 모든 세상의 천신·인간·아수라가 마땅히 공양할 부처님의 탑묘임을 알아야 한다.
하물며 이 경 전체를 받고 지니고 읽고 외우는 사람이랴! 수보리여! 이 사람은 가장 높고 가장 경이로운 법을 성취할 것임을 알아야 한다.
이와 같이 경전이 있는 곳은 부처님과 존경받는 제자들이 계시는 곳이다."

## 제13 변상

13분의 마지막 구절, 목숨 보시에 대한 설명을 형상화한
장면이다.

身命布施

如法受持分第十三

介時須菩提白佛言世尊當何名此經我等
云何奉持佛告須菩提是經名為金剛般若
波羅蜜以是名字汝當奉持所以者何須菩
提佛說般若波羅蜜則非般若波羅蜜須菩
提於意云何如來有所說法不須菩提白佛
言世尊如來無所說須菩提於意云何三千
大千世界所有微塵是為多不須菩提言甚
多世尊須菩提諸微塵如來說非微塵是名
微塵如來說世界非世界是名世界須菩提
於意云何可以三十二相見如來不不也世

## 제13 여법수지분 : 이 경을 수지하는 방법

그때 수보리가 부처님께 여쭈었습니다. "세존이시여! 이 경을 무엇이라 불러야 하며 저희들이 어떻게 받들어 지녀야 합니까?"

부처님께서 수보리에게 말씀하셨습니다. "이 경의 이름은 '금강반야바라밀'이니, 이 제목으로 너희들은 받들어 지녀야 한다.

그것은 수보리여! 여래는 반야바라밀을 반야바라밀이 아니라 설하였으므로 반야바라밀이라 말한 까닭이다.

수보리여! 그대 생각은 어떠한가? 여래가 설한 법이 있는가?"

수보리가 부처님께 말씀드렸습니다. "세존이시여! 여래께서는 설하신 법이 없습니다."

"수보리여! 그대 생각은 어떠한가? 삼천대천세계를 이루고 있는 티끌이 많다고 하겠는가?" 수보리가 대답하였습니다. "매우 많습니다, 세존이시여!"

"수보리여! 여래는 티끌들을 티끌이 아니라고 설하였으므로 티끌이라 말한다. 여래는 세계를 세계가 아니라고 설하였으므로 세계라고 말한다.

수보리여! 그대 생각은 어떠한가? 서른두 가지 신체적 특징을 가지고 여래라고 볼 수 있는가?"

尊不可以三十二相得見如来何以故如来
說三十二相即是非相是名三十二相湏菩
提若有善男子善女人以恒河沙等身命布
施若復有人於此経中乃至受持四句偈等
為他人説其福甚多

"없습니다, 세존이시여! 서른두 가지 신체적 특징을 가지고 여래라고 볼 수는 없습니다.
왜냐하면 여래께서는 서른두 가지 신체적 특징은 신체적 특징이 아니라고 설하셨으므로 서른두 가지 신체적 특징이라고 말씀하셨기 때문입니다."
"수보리여! 어떤 선남자 선여인이 항하의 모래 수만큼 목숨을 보시한다고 하자.
또 어떤 사람이 이 경의 사구게만이라도 받고 지니고 다른 사람을 위해 설해 준다고 하자. 그러면 이 복이 저 복보다 더욱 많으리라."

身命布施

**제14 변상**

중단은 '실상(實相)'과 '경이로운 공덕을 성취'하는 내용을
형상화하고 있다. 상단은 아상, 인상, 중생상, 수자상에
대한 설법을, 하단은 보살의 마음과 보시에 관한 내용을
어두운 곳에서 안 보이는 것과 햇빛이 비쳐 밝게 보이는
모습으로 표현하였다.

離相寂滅分第十四

尒時須菩提聞說是經深解義趣涕淚悲泣
而白佛言希有世尊佛說如是甚深經典我
從昔来所得慧眼未曾得聞如是之經世尊
若復有人得聞是經信心清淨則生實相當
知是人成就第一希有功德世尊是實相者
則是非相是故如来說名實相世尊我今得
聞如是經典信解受持不足為難若當来世
後五百歲其有衆生得聞是經信解受持是
人則為第一希有何以故此人无我相人相
衆生相壽者相所以者何我相即是非相人

**제14 이상적멸분 : 관념을 떠난 열반**

그때 수보리가 이 경 설하심을 듣고 뜻을 깊이 이해하여 감격의 눈물을 흘리며 부처님께 말씀드렸습니다.

"경이롭습니다, 세존이시여! 제가 지금까지 얻은 혜안으로는 부처님께서 이같이 깊이 있는 경전 설하심을 들은 적이 없습니다.

세존이시여! 만일 어떤 사람이 이 경을 듣고 믿음이 청정해지면 바로 궁극적 지혜가 일어날 것이니, 이 사람은 가장 경이로운 공덕을 성취할 것임을 알아야 합니다.

세존이시여! 이 궁극적 지혜라는 것은 궁극적 지혜가 아닌 까닭에 여래께서는 궁극적 지혜라고 말씀하셨습니다.

세존이시여! 제가 지금 이 같은 경전을 듣고서 믿고 이해하고 받고 지니기는 어렵지 않습니다.

그러나 미래 오백 년 뒤에도 어떤 중생이 이 경전을 듣고 믿고 이해하고 받고 지닌다면 이 사람은 가장 경이로울 것입니다.

왜냐하면 이 사람은 자아가 있다는 관념, 개아가 있다는 관념, 중생이 있다는 관념, 영혼이 있다는 관념이 없기 때문입니다.

그것은 자아가 있다는 관념은 관념이 아니며, 개아가 있다는 관념, 중생이 있다는 관념, 영혼이 있다는 관념은 관념이 아닌 까닭입니다.

相眾生相壽者相即是非相何以故離一切
諸相則名諸佛佛告須菩提如是若復
有人得聞是經不驚不怖不畏當知是人甚
為希有何以故須菩提如来說第一波羅蜜
非第一波羅蜜是名第一波羅蜜須菩提忍
辱波羅蜜如来說非忍辱波羅蜜何以故須
菩提如我昔為歌利王割截身體我於尒時
无我相无人相无眾生相无壽者相何以故
我於往昔節節支解時若有我相人相眾生
相壽者相應生瞋恨須菩提又念過去於五
百世作忍辱仙人於尒所世无我相无人相

왜냐하면 모든 관념을 떠난 이를 부처님이라 말하기 때문입니다."

부처님께서 수보리에게 말씀하셨습니다.

"그렇다, 그렇다. 만일 어떤 사람이 이 경을 듣고 놀라지도 않고 무서워하지도 않고 두려워하지도 않는다면 이 사람은 매우 경이로운 줄 알아야 한다.

왜냐하면 수보리여! 여래는 최고의 바라밀을 최고의 바라밀이 아니라고 설하였으므로 최고의 바라밀이라고 말하기 때문이다.

수보리여! 인욕바라밀을 여래는 인욕바라밀이 아니라고 설하였다.

왜냐하면 수보리여! 내가 옛적에 가리왕에게 온몸을 마디마디 잘렸을 때,

나는 자아가 있다는 관념, 개아가 있다는 관념, 중생이 있다는 관념, 영혼이 있다는 관념이 없었기 때문이다.

왜냐하면 내가 옛날 마디마디 사지가 잘렸을 때, 자아가 있다는 관념, 개아가 있다는 관념, 중생이 있다는 관념,

영혼이 있다는 관념이 있었다면 성내고 원망하는 마음이 생겼을 것이기 때문이다.

수보리여! 여래는 과거 오백 생 동안 인욕수행자였는데 그때 자아가 있다는 관념이 없었고, 개아가 있다는 관념이 없었고, 영혼이 있다는 관념이 없었다.

无衆生相无壽者相是故湏菩提菩薩應離
一切相發阿耨多羅三藐三菩提心不應住
色生心不應住聲香味觸法生心應生无所
住心若心有住則為非住是故佛說菩薩心
不應住色布施湏菩提菩薩為利益一切衆
生應如是布施如来說一切諸相即是非相
又說一切衆生則非衆生湏菩提如来是真
語者實語者如語者不誑語者不異語者湏
菩提如来所得法此法无實无虚湏菩提若
菩薩心住於法而行布施如人入闇則无所
見若菩薩心不住法而行布施如人有目日

그러므로 수보리여! 보살은 모든 관념을 떠나 가장 높고 바른 깨달음의 마음을 내어야 한다.

형색에 집착 없이 마음을 내어야 하며 소리, 냄새, 맛, 감촉, 마음의 대상에도 집착 없이 마음을 내어야 한다. 마땅히 집착 없이 마음을 내어야 한다.

마음에 집착이 있다면 그것은 올바른 삶이 아니다. 그러므로 보살은 형색에 집착 없는 마음으로 보시해야 한다고 여래는 설하였다.

수보리여! 보살은 모든 중생을 이롭게 하기 위해 이와 같이 보시해야 한다.

여래는 모든 중생이란 관념은 중생이란 관념이 아니라고 설하고, 또 모든 중생도 중생이 아니라고 설한다.

수보리여! 여래는 바른 말을 하는 이고, 참된 말을 하는 이며, 이치에 맞는 말을 하는 이고, 속임 없이 말하는 이며, 사실대로 말하는 이다.

수보리여! 여래가 얻은 법에는 진실도 없고 거짓도 없다.

수보리여! 보살이 대상에 집착하는 마음으로 보시하는 것은 마치 사람이 어둠 속에 들어가면 아무것도 볼 수 없는 것과 같고 보살이 대상에 집착하지 않는 마음으로 보시하는 것은 마치 눈 있는 사람에게 햇빛이 밝게 비치면 갖가지 모양을 볼 수 있는 것과 같다.

光明照見種種色須菩提當来之世若有善
男子善女人能於此經受持讀誦則為如来
以佛智慧悉知是人悉見是人皆得成就无
量无邊功德

수보리여! 미래에 선남자 선여인이 이 경전을 받고 지니고 읽고 외운다면
여래는 부처의 지혜로 이 사람들이 모두 한량없는 공덕을 성취하게 될 것임을 다 알고 다 본다."

## 제15 변상

상단은 경전을 수지 독송하는 공덕에 대해 표현하고 있다. 하단은 "이 경에는 생각할 수도 없고 헤아릴 수도 없는 한없는 공덕이 있다."라는 내용을 사람과 경전을 저울질하는 모습으로 나타냈다.

須菩提若有善男子善女人初日分以恒河
沙等身布施中日分復以恒河沙等身布施
後日分亦以恒河沙等身布施如是无量百
千万億劫以身布施若復有人聞此經典信
心不逆其福勝彼何況書寫受持讀誦為人
解說須菩提以要言之是經有不可思議不
可稱量无邊功德如來為發大乘者說為
最上乘者說若有人能受持讀誦廣為人說
如來悉知是人悉見是人皆得成就不可量
不可稱无有邊不可思議功德如是人等則

**제15 지경공덕분 : 경을 수지하는 공덕**

"수보리여! 선남자 선여인이 아침나절에 항하의 모래 수만큼 몸을 보시하고 점심나절에 항하의 모래 수만큼 몸을 보시하며
저녁나절에 항하의 모래 수만큼 몸을 보시하여, 이와 같이 한량없는 시간 동안 몸을 보시한다고 하자.
또 어떤 사람이 이 경의 말씀을 듣고 비방하지 않고 믿는다고 하자. 그러면 이 복은 저 복보다 더 뛰어나다.
하물며 이 경전을 베껴 쓰고 받고 지니고 읽고 외우고 다른 이를 위해 설명해 줌이랴!
수보리여! 간단하게 말하면 이 경에는 생각할 수도 없고 헤아릴 수도 없는 한없는 공덕이 있다.
여래는 대승에 나아가는 이를 위해 설하며 최상승에 나아가는 이를 위해 설한다.
어떤 사람이 이 경을 받고 지니고 읽고 외워 널리 다른 사람을 위해 설해 준다면 여래는 이 사람들이 헤아릴 수 없고 말할 수 없으며
한없고 생각할 수 없는 공덕을 성취할 것임을 다 알고 다 본다.

為荷擔如來阿耨多羅三藐三菩提何以故
須菩提若樂小法者著我見人見眾生見壽
者見則於此經不能聽受讀誦為人解說須
菩提在在處處若有此經一切世間天人阿
脩羅所應供養當知此處則為是塔皆應恭
敬作禮圍繞以諸華香而散其處

이와 같은 사람들은 여래의 가장 높고 바른 깨달음을 감당하게 될 것이다.
왜냐하면 수보리여! 소승법을 좋아하는 자가 자아가 있다는 견해, 개아가 있다는 견해, 중생이 있다는 견해, 영혼이 있다는 견해에 집착한다면
이 경을 듣고 받고 읽고 외우며 다른 사람을 위해 설명해 주지 못하기 때문이다.
수보리여! 이 경전이 있는 곳은 어디든지 모든 세상의 천신·인간·아수라들에게 공양을 받을 것이다.
이곳은 바로 탑이 되리니 모두가 공경하고 예배하고 돌면서 그곳에 여러 가지 꽃과 향을 뿌릴 것임을 알아야 한다."

## 제16 변상

하단은 죄업으로 인해 떨어진 악도(지옥, 아귀, 축생) 장면, 중단은 연등부처님을 뵙기 전 여러 부처님을 만나 공양하는 장면과 경을 받들어 읽고 외우는 장면이다. 상단은 '경을 읽는 공덕'과 '어떤 사람이 마음이 어지러워서 의심하고 믿지 않는' 내용을 표현하였다.

心則狂亂
狐疑不信

復次須菩提善男子善女人受持讀誦此經
若為人輕賤是人先世罪業應墮惡道以今
世人輕賤故先世罪業則為消滅當得阿耨
多羅三藐三菩提須菩提我念過去无量阿
僧祇劫於然燈佛前得值八百四千万億那
由他諸佛悉皆供養承事无空過者若復有
人於後末世能受持讀誦此經所得功德於
我所供養諸佛功德百分不及一千万億分
乃至筭數譬喻所不能及須菩提若善男子
善女人於後末世有受持讀誦此經所得功

## 제16 능정업장분 : 업장을 맑히는 공덕

"또한 수보리여! 이 경을 받고 지니고 읽고 외우는 선남자 선여인이 남에게 천대와 멸시를 당한다면 이 사람이 전생에 지은 죄업으로는 악도에 떨어져야 마땅하겠지만,

금생에 다른 사람의 천대와 멸시를 받았기 때문에 전생의 죄업이 소멸되고 반드시 가장 높고 바른 깨달음을 얻게 될 것이다.

수보리여! 나는 연등부처님을 만나기 전 과거 한량없는 아승기겁 동안 팔백 사천 만억 나유타의 여러 부처님을 만나 모두 공양하고 받들어 섬기며 그냥 지나친 적이 없었음을 기억한다.

만일 어떤 사람이 정법이 쇠퇴할 때 이 경을 잘 받고 지니고 읽고 외워서 얻은 공덕에 비하면, 내가 여러 부처님께 공양한 공덕은 백에 하나에도 미치지 못하고

천에 하나 만에 하나 억에 하나에도 미치지 못하며 더 나아가서 어떤 셈이나 비유로도 미치지 못한다.

수보리여! 선남자 선여인이 정법이 쇠퇴할 때 이 경을 받고 지니고 읽고 외워서 얻는 공덕을 내가 자세히 말한다면,

德我若具說者或有人聞心則狂亂狐疑不
信須菩提當知是經義不可思議果報亦不
可思議

아마도 이 말을 듣는 이는 마음이 어지러워서 의심하고 믿지 않을 것이다.
수보리여! 이 경은 뜻이 불가사의하며 그 과보도 불가사의함을 알아야 한다.”

## 제17 변상

하단은 연등부처님께서 "그대는 내세에 석가모니라는 이름의 부처가 될 것이다."라고 말하는 내용이다. 중단은 사람의 "큰 몸"에 대한 장면, 상단은 불국토를 장엄하는 것에 대한 장면이다.

究竟无我分第十七

尒時須菩提白佛言世尊善男子善女人發
阿耨多羅三藐三菩提心云何應住云何降
伏其心佛告須菩提善男子善女人發阿耨
多羅三藐三菩提者當生如是心我應滅度
一切眾生滅度一切眾生已而无有一眾生
實滅度者何以故須菩提若菩薩有我相人
相眾生相壽者相則非菩薩所以者何須菩
提實无有法發阿耨多羅三藐三菩提者須
菩提於意云何如来於然燈佛所有法得阿
耨多羅三藐三菩提不不也世尊如我解佛

### 제17 구경무아분 : 궁극의 가르침, 무아

그때 수보리가 부처님께 여쭈었습니다. "세존이시여! 가장 높고 바른 깨달음을 얻고자 하는 선남자 선여인은 어떻게 살아야 하며 어떻게 그 마음을 다스려야 합니까?"

부처님께서 수보리에게 말씀하셨습니다. "가장 높고 바른 깨달음을 얻고자 하는 선남자 선여인은 이러한 마음을 일으켜야 한다.

'나는 일체 중생을 열반에 들게 하리라. 일체 중생을 열반에 들게 하였지만 실제로는 아무도 열반을 얻은 중생이 없다.'

왜냐하면 수보리여! 보살에게 자아가 있다는 관념, 개아가 있다는 관념, 중생이 있다는 관념, 영혼이 있다는 관념이 있다면 보살이 아니기 때문이다.

그것은 수보리여! 가장 높고 바른 깨달음에 나아가는 자라 할 법이 실제로 없는 까닭이다.

수보리여! 그대 생각은 어떠한가? 여래가 연등부처님 처소에서 얻은 가장 높고 바른 깨달음이라 할 법이 있었는가?"

所說義佛於然燈佛所无有法得阿耨多羅
三藐三菩提佛言如是如是湏菩提實无有
法如来得阿耨多羅三藐三菩提湏菩
有法如来得阿耨多羅三藐三菩提者然燈
佛則不與我受記汝於来世當得作佛号釋
迦牟尼以實无有法得阿耨多羅三藐三菩
提是故然燈佛與我受記作是言汝於来世
當得作佛号釋迦牟尼何以故如来者即諸
法如義若有人言如来得阿耨多羅三藐三
菩提湏菩提實无有法佛得阿耨多羅三藐
三菩提湏菩提如来所得阿耨多羅三藐三

"아닙니다, 세존이시여! 제가 부처님께서 말씀하신 뜻을 이해하기로는 부처님께서 연등부처님 처소에서 얻으신 가장 높고 바른 깨달음이라 할 법이 없습니다."
부처님께서 말씀하셨습니다. "그렇다, 그렇다. 수보리여! 여래가 가장 높고 바른 깨달음을 얻은 법이 실제로 없다.
수보리여! 여래가 가장 높고 바른 깨달음을 얻은 법이 있었다면 연등부처님께서 내게 '그대는 내세에 석가모니라는 이름의 부처가 될 것이다.'라고 수기하지 않았을 것이다.
가장 높고 바른 깨달음을 얻은 법이 실제로 없었으므로 연등부처님께서 내게 '그대는 내세에는 반드시 석가모니라는 이름의 부처가 될 것이다.'라고 수기하셨던 것이다.
왜냐하면 여래는 모든 존재의 진실한 모습을 의미하기 때문이다.
어떤 사람이 여래가 가장 높고 바른 깨달음을 얻었다고 말한다면, 수보리여! 여래가 가장 높고 바른 깨달음을 얻은 법이 실제로 없다.

菩提於是中无實无虛是故如来說一切法
皆是佛法湏菩提所言一切法者即非一切
法是故名一切法湏菩提譬如人身長大湏
菩提言世尊如来說人身長大則為非大身
是名大身湏菩提菩薩亦如是若作是言我
當滅度无量衆生則不名菩薩何以故湏菩
提實无有法名為菩薩是故佛說一切法无
我无人无衆生无壽者湏菩提若菩薩作是
言我當症嚴佛土是不名菩薩何以故如来
說症嚴佛土者即非症嚴是名症嚴湏菩提
若菩薩通達无我法者如来說名真是菩薩

수보리여! 여래가 얻은 가장 높고 바른 깨달음에는 진실도 없고 거짓도 없다. 그러므로 여래는 '일체법이 모두 불법이다.'라고 설한다.

수보리여! 일체법이라 말한 것은 일체법이 아닌 까닭에 일체법이라 말한다. 수보리여! 예컨대 사람의 몸이 매우 큰 것과 같다."

수보리가 말하였습니다. "세존이시여! 여래께서 사람의 몸이 매우 크다는 것은 큰 몸이 아니라고 설하셨으므로 큰 몸이라 말씀하셨습니다."

"수보리여! 보살도 역시 그러하다. '나는 반드시 한량없는 중생을 제도하리라.' 말한다면 보살이라 할 수 없다.

왜냐하면 수보리여! 보살이라 할 만한 법이 실제로 없기 때문이다.

그러므로 여래는 모든 법에 자아도 없고, 개아도 없고, 중생도 없고, 영혼도 없다고 설한 것이다.

수보리여! 보살이 '나는 반드시 불국토를 장엄하리라.' 말한다면 이는 보살이라 할 수 없다.

왜냐하면 여래는 불국토를 장엄한다는 것은 장엄하는 것이 아니라고 설하였으므로 장엄한다고 말하기 때문이다.

수보리여! 보살이 무아의 법에 통달한다면 여래는 이런 이를 진정한 보살이라 부른다."

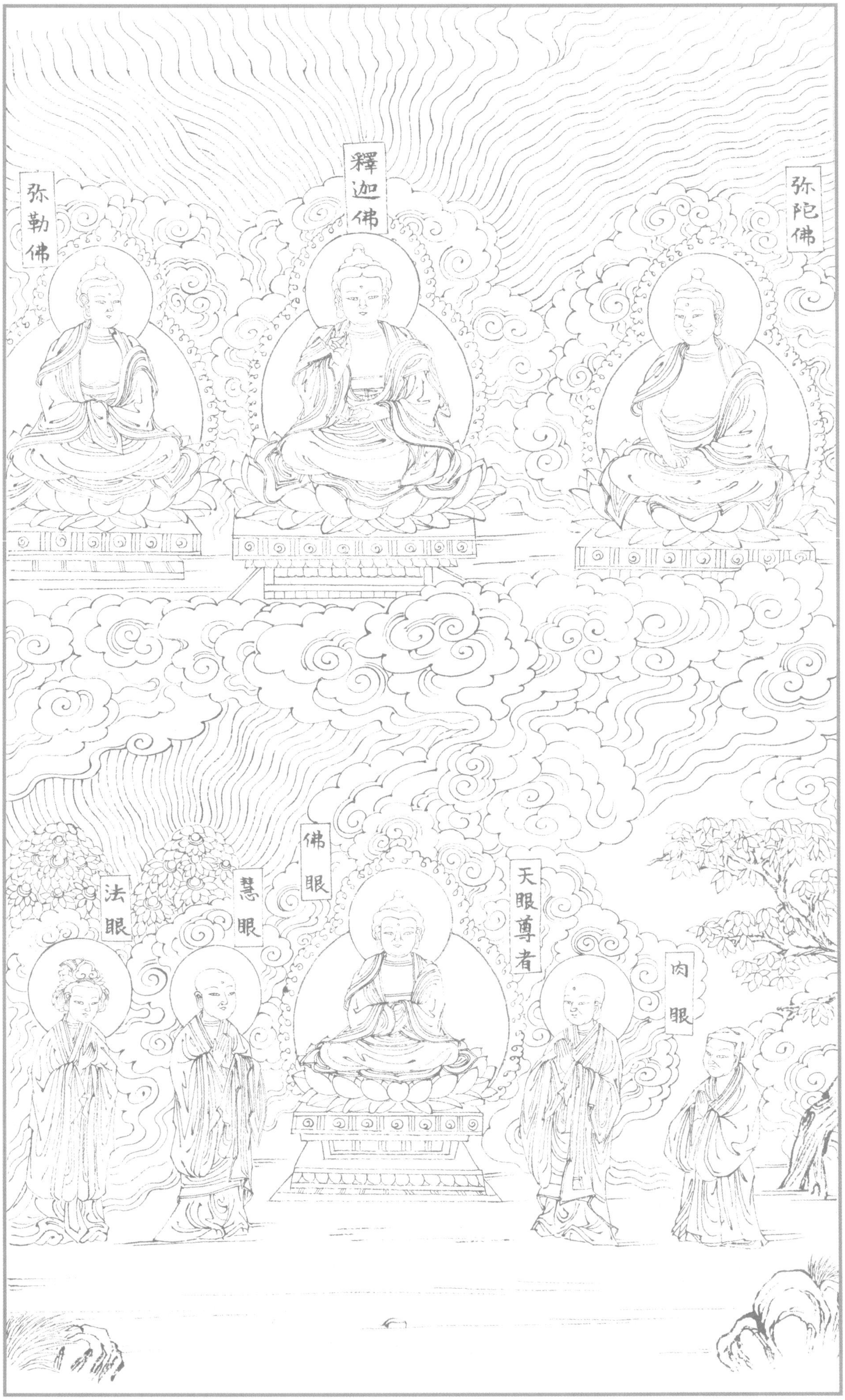

**제18 변상**

하단은 육안, 천안, 불안, 혜안, 법안에 대한 장면이다.
상단은 『금강경 오가해』 육조혜능의 「금강경구결」에서
"과거의 마음은 얻을 수 없다", "현재의 마음도 얻을 수
없다", "미래의 마음도 얻을 수 없다"며 이 세 가지 마음
을 얻을 수 없음을 요달하면 이를 부처라 이름 한다는 내
용을 과거불, 현재불, 미래불로 은유해 표현하였다.

弥勒佛

釋迦佛

弥陀佛

法眼　　慧眼　　佛眼　　天眼尊者　　肉眼

一切同觀分第十八

須菩提於意云何如來有肉眼不如是世尊
如來有肉眼須菩提於意云何如來有天眼
不如是世尊如來有天眼須菩提於意云何
如來有慧眼不如是世尊如來有慧眼須菩
提於意云何如來有法眼不如是世尊如來
有法眼須菩提於意云何如來有佛眼不如
是世尊如來有佛眼須菩提於意云何恒河
中所有沙佛說是沙不如是世尊如來說是
沙須菩提於意云何如一恒河中所有沙有
如是等恒河是諸恒河所有沙數佛世界如

### 제18 일체동관분 : 분별없이 관찰함

"수보리여! 그대 생각은 어떠한가? 여래에게 육안이 있는가?" "그렇습니다, 세존이시여! 여래에게는 육안이 있습니다."

"수보리여! 그대 생각은 어떠한가? 여래에게 천안이 있는가?" "그렇습니다, 세존이시여! 여래에게는 천안이 있습니다."

"수보리여! 그대 생각은 어떠한가? 여래에게 혜안이 있는가?" "그렇습니다, 세존이시여! 여래에게는 혜안이 있습니다."

"수보리여! 그대 생각은 어떠한가? 여래에게 법안이 있는가?" "그렇습니다, 세존이시여! 여래에게는 법안이 있습니다."

"수보리여! 그대 생각은 어떠한가? 여래에게 불안이 있는가?" "그렇습니다, 세존이시여! 여래에게는 불안이 있습니다."

"수보리여! 그대 생각은 어떠한가? 여래는 항하의 모래에 대해서 설하였는가?" "그렇습니다, 세존이시여! 여래는 이 모래에 대해 설하셨습니다."

"수보리여! 그대 생각은 어떠한가? 한 항하의 모래와 같이 이런 모래만큼의 항하가 있고 이 여러 항하의 모래 수만큼 부처님 세계가 그만큼 있다면 진정 많다고 하겠는가?"

是寧為多不甚多世尊佛告湏菩提尒所國
土中所有衆生若干種心如來悉知何以故
如來說諸心皆為非心是名為心所以者何
湏菩提過去心不可得現在心不可得未來
心不可得

"매우 많습니다, 세존이시여!"
부처님께서 수보리에게 말씀하셨습니다.
"그 국토에 있는 중생의 여러 가지 마음을 여래는 다 안다. 왜냐하면 여래는 여러 가지 마음이 모두 다 마음이 아니라 설하였으므로 마음이라 말하기 때문이다.
그것은 수보리여! 과거의 마음도 얻을 수 없고 현재의 마음도 얻을 수 없고 미래의 마음도 얻을 수 없는 까닭이다."

**제19 변상**

삼천대천세계에 가득 찬 칠보로써 보시하면 이 인연으로
복을 얻음에 대한 장면이다.

法界通化分第十九

須菩提於意云何若有人滿三千大千世界
七寶以用布施是人以是因緣得福多不如
是世尊此人以是因緣得福甚多須菩提若
福德有實如來不說得福德多以福德无故
如來說得福德多

## 제19 법계통화분 : 복덕 아닌 복덕

"수보리여! 그대 생각은 어떠한가? 어떤 사람이 삼천대천세계에 칠보를 가득 채워 보시한다면 이 사람이 이러한 인연으로 많은 복덕을 얻겠는가?"

"그렇습니다, 세존이시여! 그 사람이 이러한 인연으로 매우 많은 복덕을 얻을 것입니다."

"수보리여! 복덕이 실로 있는 것이라면 여래는 많은 복덕을 얻는다고 말하지 않았을 것이다. 복덕이 없기 때문에 여래는 많은 복덕을 얻는다고 말한 것이다."

**제20 변상**

구족색신(원만한 신체를 갖춤)에 대한 세존과 수보리의
대화를 옮긴 장면이다.

具足色身

離色離相分第二十

須菩提於意云何佛可以具足色身見不不
也世尊如來不應以具足色身見何以故如
來說具足色身即非具足色身是名具足色
身須菩提於意云何如來可以具足諸相見
不不也世尊如來不應以具足諸相見何以
故如來說諸相具足即非具足是名諸相具
足

## 제20 이색이상분 : 모습과 특성의 초월

"수보리여! 그대 생각은 어떠한가? 신체적 특징을 원만하게 갖추었다고 여래라고 볼 수 있겠는가?"

"아닙니다, 세존이시여! 신체적 특징을 원만하게 갖추었다고 여래라고 볼 수는 없습니다.

왜냐하면 여래께서는 원만한 신체를 갖춘다는 것은 원만한 신체를 갖춘 것이 아니라고 설하셨으므로 원만한 신체를 갖춘 것이라고 말씀하셨기 때문입니다."

"수보리여! 그대 생각은 어떠한가? 신체적 특징을 갖추었다고 여래라고 볼 수 있겠는가?"

"아닙니다, 세존이시여! 신체적 특징을 갖추었다고 여래라고 볼 수는 없습니다.

왜냐하면 여래께서는 신체적 특징을 갖춘다는 것이 신체적 특징을 갖춘 것이 아니라고 설하셨으므로 신체적 특징을 갖춘 것이라고 말씀하셨기 때문입니다."

## 제21 변상

설법 아닌 설법에 대한 내용을 묘사하였으며, 이와 더불어 장면 일부분에 『금강경 오가해』 야부도천의 「금강경송」에서 나타나는 까마귀와 희귀한 새, 사슴과 준마에 대한 비유를 형상화하였다.

佛說法

衆生聽法

非說所說分第二十一

須菩提汝勿謂如來作是念我當有所說
莫作是念何以故若人言如來有所說法即
為謗佛不能解我所說故須菩提說法者无
法可說是名說法尒時慧命須菩提白佛言
世尊頗有眾生於未來世聞說是法生信心
不佛言須菩提彼非眾生非不眾生何以故
須菩提眾生眾生者如來說非眾生是名眾
生

## 제21 비설소설분 : 설법 아닌 설법

"수보리여! 그대는 여래가 '나는 설한 법이 있다.'는 생각을 한다고 말하지 말라. 이런 생각을 하지 말라.
왜냐하면 '여래께서 설하신 법이 있다.'고 말한다면, 이 사람은 여래를 비방하는 것이니, 내가 설한 것을 이해하지 못했기 때문이다.
수보리여! 설법이라는 것은 설할 만한 법이 없는 것이므로 설법이라고 말한다."
그때 수보리 장로가 부처님께 여쭈었습니다. "세존이시여! 미래에 이 법 설하심을 듣고 신심을 낼 중생이 조금이라도 있겠습니까?"
부처님께서 말씀하셨습니다. "수보리여! 저들은 중생이 아니요 중생이 아닌 것도 아니다.
왜냐하면 수보리여! 중생 중생이라 하는 것은 여래가 중생이 아니라고 설하였으므로 중생이라 말하기 때문이다."

제22 변상

수보리가 세존의 설법을 듣는 장면이다.

无法可得分第二十二

須菩提白佛言世尊佛得阿耨多羅三藐三
菩提為无所得耶如是如是須菩提我於阿
耨多羅三藐三菩提乃至无有少法可得是
名阿耨多羅三藐三菩提

## 제22 무법가득분 : 얻을 것이 없는 법

수보리가 부처님께 여쭈었습니다.
"세존이시여! 부처님께서 가장 높고 바른 깨달음을 얻은 것은 법이 없는 것입니까?"
부처님께서 말씀하셨습니다.
"그렇다, 그렇다. 수보리여! 내가 가장 높고 바른 깨달음에서 조그마한 법조차도 얻을 만한 것이 없었으므로 가장 높고 바른 깨달음이라 말한다."

元有高下

**제23 변상**

세존께서 무유고하(無有高下)에 대해 설하는 장면이다.

淨心行善分第二十三

復次須菩提是法平等无有高下是名阿耨
多羅三藐三菩提以无我无人无眾生无壽
者修一切善法則得阿耨多羅三藐三菩提
須菩提所言善法者如來說非善法是名善
法

## 제23 정심행선분 : 관념을 떠난 선행

"또한 수보리여! 이 법은 평등하여 높고 낮은 것이 없으니, 이것을 가장 높고 바른 깨달음이라 말한다.

자아도 없고, 개아도 없고, 중생도 없고, 영혼도 없이 온갖 선법을 닦음으로써 가장 높고 바른 깨달음을 얻게 된다.

수보리여! 선법이라는 것은 선법이 아니라고 여래는 설하였으므로 선법이라 말한다."

**제24 변상**

삼천대천세계를 『금강경 오가해』 육조혜능의 「금강경구결」 중 대철위산과 소철위산, 수미산으로 형상화하였다.

福智无比分第二十四

須菩提若三千大千世界中所有諸須彌山
王如是等七寶聚有人持用布施若人以此
般若波羅蜜経乃至四句偈等受持讀誦為
他人說於前福德百分不及一百千万億分
乃至筭數譬喻所不能及

## 제24 복지무비분 : 경전 수지가 최고의 복덕

"수보리여! 삼천대천세계에 있는 산들의 왕 수미산만큼의 칠보 무더기를 가지고 보시하는 사람이 있다고 하자.
또 이 반야바라밀경의 사구게만이라도 받고 지니고 읽고 외워 다른 사람을 위해 설해 주는 사람이 있다고 하자.
그러면 앞의 복덕은 뒤의 복덕에 비해 백에 하나에도 미치지 못하고
천에 하나 만에 하나 억에 하나에도 미치지 못하며 더 나아가서 어떤 셈이나 비유로도 미치지 못한다."

**제25 변상**

세존께서 불도중생(佛度衆生)에 대해 설하는 장면이다.

佛度衆生

須菩提於意云何汝等勿謂如来作是念我
當度衆生須菩提莫作是念何以故實无有
衆生如来度者若有衆生如来度者如来則
有我人衆生壽者須菩提如来說有我者則
非有我而凡夫之人以為有我須菩提凡夫
者如来說則非凡夫

## 제25 화무소화분 : 분별없는 교화

"수보리여! 그대 생각은 어떠한가? 그대들은 여래가 '나는 중생을 제도하리라.'는 생각을 한다고 말하지 말라.
수보리여! 이런 생각을 하지 말라. 왜냐하면 여래가 제도한 중생이 실제로 없기 때문이다.
만일 여래가 제도한 중생이 있다면, 여래에게도 자아·개아·중생·영혼이 있다는 집착이 있는 것이다.
수보리여! 자아가 있다는 집착은 자아가 있다는 집착이 아니라고 여래는 설하였다.
그렇지만 범부들이 자아가 있다고 집착한다. 수보리여! 범부라는 것도 여래는 범부가 아니라고 설하였다."

## 제26 변상

좌우는 형색과 음성으로 세존을 찾는 장면이며, 중단은
"전륜성왕도 여래겠구나!"를 묘사한 장면으로 『금강경 오
가해』 부대사의 『금강경찬』에서 언급한 '八自在'의 의미를
변화하는 육도윤회와 함께 묘사하였다.

轉輪聖王

即時如來

須菩提於意云何可以三十二相觀如來不

須菩提言如是如是以三十二相觀如來佛

言須菩提若以三十二相觀如來者轉輪聖

王則是如來須菩提白佛言世尊如我解佛

所說義不應以三十二相觀如來介時世尊

而說偈言若以色見我以音聲求我是人行

邪道不能見如來

## 제26 법신비상분 : 신체적 특징을 떠난 여래

"수보리여! 그대 생각은 어떠한가? 서른두 가지 신체적 특징으로 여래라고 볼 수 있는가?"

수보리가 대답하였습니다. "그렇습니다, 그렇습니다. 서른두 가지 신체적 특징으로도 여래라고 볼 수 있습니다."

부처님께서 말씀하셨습니다. "수보리여! 서른두 가지 신체적 특징으로도 여래라고 볼 수 있다면 전륜성왕도 여래겠구나!"

수보리가 부처님께 말씀드렸습니다. "세존이시여! 제가 부처님께서 말씀하신 뜻을 이해하기로는, 서른두 가지 신체적 특징을 가지고는 여래를 볼 수 없습니다."

그때 세존께서 게송으로 말씀하셨습니다.

"형색으로 나를 보거나 음성으로 나를 찾으면 삿된 길 걸을 뿐 여래 볼 수 없으리."

### 제27 변상

"그대가 '가장 높고 바른 깨달음의 마음을 낸 자는 모든
법이 단절되고 소멸되어 버림을 주장한다.'고 생각한다
면, 이런 생각을 하지 말라."라는 세존의 설법을 수보리
가 듣고 있다.

湏菩提汝若作是念如来不以具足相故得
阿耨多羅三藐三菩提湏菩提莫作是念如
来不以具足相故得阿耨多羅三藐三菩提
湏菩提汝若作是念發阿耨多羅三藐三菩
提者說諸法斷滅相莫作是念何以故發阿
耨多羅三藐三菩提心者於法不說斷滅相

### 제27 무단무멸분 : 단절과 소멸의 초월

"수보리여! 그대가 '여래는 신체적 특징을 원만하게 갖추지 않았기 때문에 가장 높고 바른 깨달음을 얻은 것이다.'라고 생각한다면,
수보리여! '여래는 신체적 특징을 원만하게 갖추지 않았기 때문에 가장 높고 바른 깨달음을 얻은 것이다.'라고 생각하지 말라.
수보리여! 그대가 '가장 높고 바른 깨달음의 마음을 낸 자는 모든 법이 단절되고 소멸되어 버림을 주장한다.'고 생각한다면, 이런 생각을 하지 말라.
왜냐하면 가장 높고 바른 깨달음의 마음을 낸 자는 법에 대하여 단절되고 소멸된다는 관념을 말하지 않기 때문이다."

## 제28 변상

『금강경 오가해』 육조혜능의 「금강경구결」 내용 중 "칠보
로써 많은 지혜행을 함이여. 어찌 육근 버림을 알겠는가.
다만 모든 욕심을 떠나고 가끔 애정의 은혜도 버릴지니
탐상이 없음을 안다면 마땅히 법왕문에 이를 것이다." 중
법왕문에 이르는 장면.

不受不貪分第二十八

須菩提若菩薩以滿恒河沙等世界七寶布
施若復有人知一切法无我得成於忍此菩
薩勝前菩薩所得功德須菩提以諸菩薩不
受福德故須菩提白佛言世尊云何菩薩不
受福德須菩提菩薩所作福德不應貪着是
故說不受福德

**제28 불수불탐분 : 탐착 없는 복덕**

"수보리여! 보살이 항하의 모래 수만큼 세계에 칠보를 가득 채워 보시한다고 하자. 또 어떤 사람이 모든 법이 무아임을 알아 인욕을 성취한다고 하자.
그러면 이 보살의 공덕은 앞의 보살이 얻은 공덕보다 더 뛰어나다. 수보리여! 모든 보살들은 복덕을 누리지 않기 때문이다."
수보리가 부처님께 여쭈었습니다. "세존이시여! 어찌하여 보살이 복덕을 누리지 않습니까?"
"수보리여! 보살은 지은 복덕에 탐욕을 내거나 집착하지 않아야 하기 때문에 복덕을 누리지 않는다고 설한 것이다."

**제29 변상**

"여래는 오기도 하고 가기도 하며 앉기도 하고 눕기도 한다."는 내용을 상·하단에 걸쳐 표현한 장면이다.

威儀寂靜分第二十九

須菩提若有人言如来若来若去若坐若卧
是人不解我所說義何以故如来者无所從
来亦无所去故名如来

## 제29 위의적정분 : 오고 감이 없는 여래

"수보리여! 어떤 사람이 '여래는 오기도 하고 가기도 하며 앉기도 하고 눕기도 한다.'고 말한다면, 그 사람은 내가 설한 뜻을 이해하지 못한 것이다.
왜냐하면 여래란 오는 것도 없고 가는 것도 없으므로 여래라고 말하기 때문이다."

## 제30 변상

대철위산, 수미산, 소철위산의 삼천대천세계와 선남자,
선여인, 티끌을 묘사하였다.

一合理相分第三十

須菩提若善男子善女人以三千大千世界
碎為微塵於意云何是微塵眾寧為多不甚
多世尊何以故若是微塵眾實有者佛則不
說是微塵眾所以者何佛說微塵眾則非微
塵眾是名微塵眾世尊如來所說三千大千
世界則非世界是名世界何以故若世界實
有者則是一合相如來說一合相則非一合
相是名一合相須菩提一合相者則是不可
說但凡夫之人貪著其事

**제30 일합이상분 : 부분과 전체의 참모습**

"수보리여! 만약 선남자 선여인이 삼천대천세계를 부수어 가는 티끌을 만든다면, 그대 생각은 어떠한가? 이 티끌들이 진정 많겠는가?"
"매우 많습니다, 세존이시여! 왜냐하면 티끌들이 실제로 있는 것이라면 여래께서는 티끌이라고 말씀하지 않으셨을 것이기 때문입니다.
그것은 여래께서 티끌들은 티끌들이 아니라고 설하셨으므로 티끌들이라고 말씀하신 까닭입니다.
세존이시여! 여래께서 말씀하신 삼천대천세계는 세계가 아니므로 세계라 말씀하십니다.
왜냐하면 세계가 실제로 있는 것이라면 한 덩어리로 뭉쳐진 것이겠지만,
여래께서 한 덩어리로 뭉쳐진 것은 한 덩어리로 뭉쳐진 것이 아니라고 설하셨으므로 한 덩어리로 뭉쳐진 것이라 말씀하셨기 때문입니다."
"수보리여! 한 덩어리로 뭉쳐진 것은 말할 수가 없는 것인데 범부들이 그것을 탐내고 집착할 따름이다."

**제31 변상**

「금강경 오가해」 예장종경의 「금강경제강」에서 "아인수명
이 없음을 깨달으면 또한 아지랑이나 허공꽃(空華)과 같
음이로다. 능엄경에 이르되 지견에 지를 세우면 무명의
근본이 되고 지견에 견이 없어야 이것이 곧 열반이라 하
시니"의 '아인수명'을 육근과 육식과 관련해 추상적으로
표현하였다.

須菩提著人言佛説我見人見衆生見壽者
見須菩提於意云何是人解我所説義不世
尊是人不解如来所説義何以故世尊説我
見人見衆生見壽者即非我見人見衆生
見壽者是名我見人見衆生見壽者須
菩提發阿耨多羅三藐三菩提心者於一切
法應如是知如是見如是信解不生法相須
菩提所言法相者如来説即非法相是名法
相

知見不生分第三十一

## 제31 지견불생분 : 내지 않아야 할 관념

"수보리여! 어떤 사람이 여래가 '자아가 있다는 견해, 개아가 있다는 견해, 중생이 있다는 견해, 영혼이 있다는 견해를 설했다.'고 말한다면,
수보리여! 그대 생각은 어떠한가? 이 사람이 내가 설한 뜻을 알았다 하겠는가?"
"아닙니다, 세존이시여! 그 사람은 여래께서 설한 뜻을 알지 못한 것입니다.
왜냐하면 세존께서는 자아가 있다는 견해, 개아가 있다는 견해, 중생이 있다는 견해, 영혼이 있다는 견해가
자아가 있다는 견해, 개아가 있다는 견해, 중생이 있다는 견해, 영혼이 있다는 견해가 아니라고 설하셨으므로
자아가 있다는 견해, 개아가 있다는 견해, 중생이 있다는 견해, 영혼이 있다는 견해라고 말씀하셨기 때문입니다."
"수보리여! 가장 높고 바른 깨달음을 얻고자 하는 이는 일체법에 대하여 이와 같이 알고, 이와 같이 보며, 이와 같이 믿고 이해하여 법이라는 관념을 내지 않아야 한다.
수보리여! 법이라는 관념은 법이라는 관념이 아니라고 여래는 설하였으므로 법이라는 관념이라 말한다."

法如電
法如影
法如夢
法如露

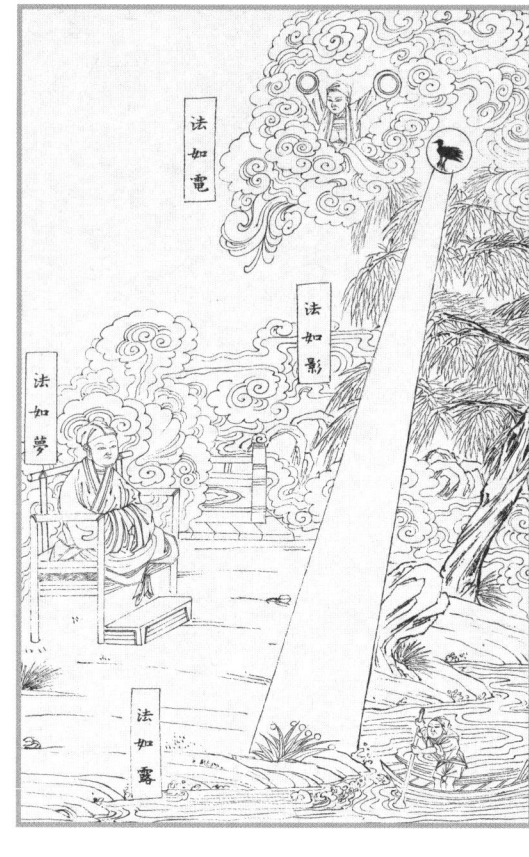

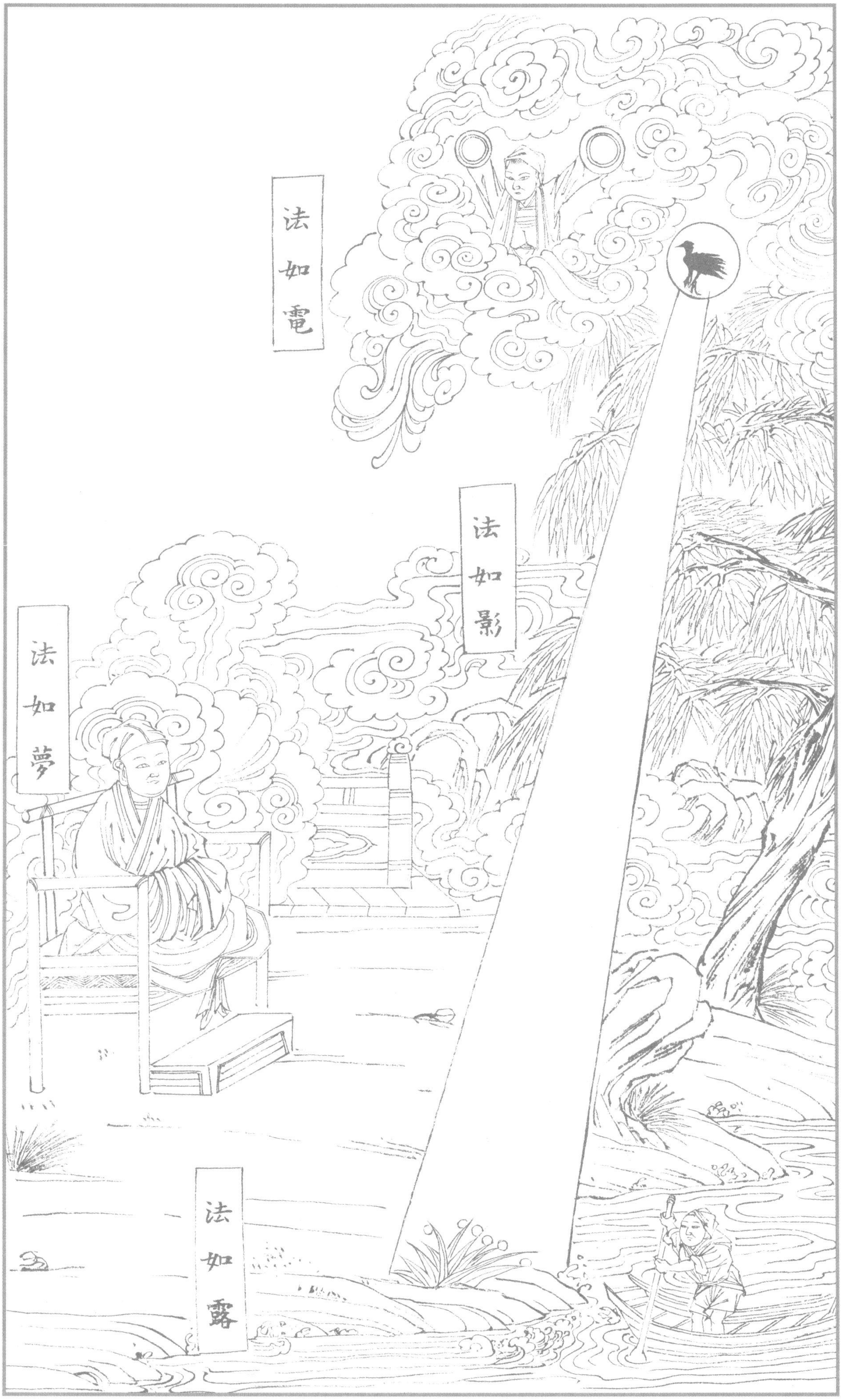
法如電
法如影
法如夢
法如露

### 제32 변상

우측 하단은『금강경 오가해』 야부도천의「금강경송」에서 “구름은 저절로 높이 날고 물은 저절로 흐르도다. 다만 흑풍이 큰 물결 뒤치는 것만 보고 낚싯배가 침몰함은 듣지 못했도다. 배를 움직임은 다 키(梢) 잡은 사람에게 달려 있느니라.”라는 내용을 묘사하였다.

須菩提若有人以滿无量阿僧祇世界七寶
持用布施若有善男子善女人發菩薩心者
持於此經乃至四句偈等受持讀誦為人演
說其福勝彼云何為人演說不取於相如如
不動何以故一切有為法如夢幻泡影如露
亦如電應作如是觀佛說是經已長老須菩
提及諸比丘比丘尼優婆塞優婆夷一切世
聞天人阿修羅聞佛所說皆大歡喜信受奉
行

應化非真分第三十二

## 제32 응화비진분 : 관념을 떠난 교화

"수보리여! 어떤 사람이 한량없는 아승기 세계에 칠보를 가득 채워 보시한다고 하자.

또 보살의 마음을 낸 어떤 선남자 선여인이 이 경을 지니되 사구게만이라도 받고 지니고 읽고 외워 다른 사람을 위해 연설해 준다고 하자.

그러면 이 복이 저 복보다 더 뛰어나다. 어떻게 남을 위해 설명해 줄 것인가? 설명해 준다는 관념에 집착하지 말고 흔들림 없이 설명해야 한다.

왜냐하면 일체 모든 유위법은 꿈·허깨비·물거품·그림자·이슬·번개 같으니 이렇게 관찰할지라."

부처님께서 이 경을 다 설하시고 나니, 수보리 장로와 비구·비구니·우바새 우바이와 모든 세상의 천신·인간·아수라들이

부처님의 말씀을 듣고 매우 기뻐하며 믿고 받들어 행하였습니다.

**회향, 신수봉행**

세존께서 경 설함을 마치니, 사부대중이 매우 기뻐하며
받들어 행하는 모습이다.

比丘

丘尼

優婆夷

優婆塞

金剛般若波羅蜜経

真言

那謨婆伽跋帝 鉢喇壞 波羅頭多

曳唵 伊利底 伊室利 輸盧馱

毘舍耶 毘舍耶 莎婆訶

願以此功德 普及於一切

我等與眾生 皆共成佛道

**진언**

나모바가발제 발라양 파라미다예 옴 이리저 이실리 수로타 비사야 비사야 사바하

# 金剛般若波羅蜜經

姚秦三藏沙門鳩摩羅什譯

## 法會因由分第一

如是我聞一時佛在舍衛國祇樹給孤獨園
與大比丘衆千二百五十人俱爾時世尊食
時著衣持鉢入舍衛大城乞食於其城中次
第乞已還至本處飯食訖收衣鉢洗足已敷
座而坐

## 善現起請分第二

時長老須菩提在大衆中即從座起偏袒右
肩右膝著地合掌恭敬而白佛言希有世尊
如來善護念諸菩薩善付囑諸菩薩世尊善
男子善女人發阿耨多羅三藐三菩提心應
云何住云何降伏其心佛言善哉善哉須菩
提如汝所說如來善護念諸菩薩善付囑諸
菩薩汝今諦聽當為汝說善男子善女人發
阿耨多羅三藐三菩提心應如是住如是降

## 如理實見分第五

須菩提於意云何可以身相見如來不不也
世尊不可以身相得見如來何以故如來所
說身相即非身相佛告須菩提凡所有相皆
是虛妄若見諸相非相則見如來

## 正信希有分第六

須菩提白佛言世尊頗有衆生得聞如是言
說章句生實信不佛告須菩提莫作是說如
來滅後後五百歲有持戒修福者於此章句
能生信心以此為實當知是人不於一佛二
佛三四五佛而種善根已於無量千萬佛所
種諸善根聞是章句乃至一念生淨信者須
菩提如來悉知悉見是諸衆生得如是無量
福德何以故是諸衆生無復我相人相衆生
相壽者相無法相亦無非法相何以故是諸
衆生若心取相則為著我人衆生壽者若取
法相即著我人衆生壽者何以故若取非法
相即著我人衆生壽者是故不應取法

持乃至四句偈等為他人說其福勝彼何以
故須菩提一切諸佛及諸佛阿耨多羅三藐
三菩提法皆從此經出須菩提所謂佛法者
即非佛法

## 一相無相分第九

須菩提於意云何須陀洹能作是念我得須
陀洹果不須菩提言不也世尊何以故須陀
洹名為入流而無所入不入色聲香味觸法
是名須陀洹須菩提於意云何斯陀含能作
是念我得斯陀含果不須菩提言不也世尊
何以故斯陀含名一往來而實無往來是名
斯陀含須菩提於意云何阿那含能作是念
我得阿那含果不須菩提言不也世尊何以
故阿那含名為不來而實無不來是故名阿
那含須菩提於意云何阿羅漢能作是念我
得阿羅漢道不須菩提言不也世尊何以故
實無有法名阿羅漢世尊若阿羅漢作是念
我得阿羅漢道即為著我人衆生壽者世尊
佛說我得無諍三昧人中最為第一是第一
離欲阿羅漢我不作是念我是離欲阿羅漢世
尊我若作是念我得阿羅漢道世尊則不說
須菩提是樂阿蘭那行者以須菩提實無所
行而名須菩提是樂阿蘭那行

大乘正宗分第三

佛告須菩提諸菩薩摩訶薩應如是降伏其
心所有一切眾生之類若卵生若胎生若濕
生若化生若有色若無色若有想若無想若
非有想非無想我皆令入無餘涅槃而滅度
之如是滅度無量無數無邊眾生實無眾生
得滅度者何以故須菩提若菩薩有我相人
相眾生相壽者相即非菩薩

妙行无住分第四

復次須菩提菩薩於法應無所住行於布施
所謂不住色布施不住聲香味觸法布施須
菩提菩薩應如是布施不住於相何以故若
菩薩不住相布施其福德不可思量須菩提
於意云何東方虛空可思量不不也世尊須
菩提南西北方四維上下虛空可思量不不
也世尊須菩提菩薩無住相布施福德亦復
如是不可思量須菩提菩薩但應如所教住

取非法以是義故如來常說汝等比丘知我
說法如筏喻者法尚應捨何況非法

无得无說分第七

須菩提於意云何如來得阿耨多羅三藐三
菩提耶如來有所說法耶須菩提言如我解
佛所說義無有定法名阿耨多羅三藐三菩
提亦無有定法如來可說何以故如來所說
法皆不可取不可說非法非非法所以者何
一切賢聖皆以無為法而有差別

依法出生分第八

須菩提於意云何若人滿三千大千世界七
寶以用布施是人所得福德寧為多不須菩
提言甚多世尊何以故是福德即非福德性
是故如來說福德多若復有人於此經中受

庄嚴淨土分第十

佛告須菩提於意云何如來昔在然燈佛所
於法有所得不世尊如來在然燈佛所於法
實無所得須菩提於意云何菩薩莊嚴佛土
不不也世尊何以故莊嚴佛土者則非莊嚴
是名莊嚴是故須菩提諸菩薩摩訶薩應如
是生清淨心不應住色生心不應住聲香味
觸法生心應無所住而生其心須菩提譬如
有人身如須彌山王於意云何是身為大不
須菩提言甚大世尊何以故佛說非身是名
大身

无為福勝分第十一

須菩提如恒河中所有沙數如是沙等恒河
於意云何是諸恒河沙寧為多不須菩提言
甚多世尊但諸恒河尚多無數何況其沙須
菩提我今實言告汝若有善男子善女人以

七寶滿尒所恒河沙數三千大千世界以用
布施得福多不湏菩提言甚多世尊佛告湏
菩提若善男子善女人於此經中乃至受持
四句偈等為他人說而此福德勝前福德

尊重正教分第十二

復次湏菩提隨說是經乃至四句偈等當知
此處一切世間天人阿脩羅皆應供養如佛
塔廟何況有人盡能受持讀誦湏菩提當知
是人成就最上第一希有之法若是經典所
在之處則為有佛若尊重弟子

如法受持分第十三

尒時湏菩提白佛言世尊當何名此經我等
云何奉持佛告湏菩提是經名為金剛般若
波羅蜜以是名字汝當奉持所以者何湏菩
提佛說般若波羅蜜則非般若波羅蜜湏菩
提於意云何如來有所說法不湏菩提白佛
言世尊如來无所說湏菩提於意云何三千

菩提如我昔為歌利王割截身體我於尒時
无我相无人相无眾生相无壽者相何以故
我於往昔節節支解時若有我相人相眾生
相壽者相應生瞋恨湏菩提又念過去於五
百世作忍辱仙人於尒所世无我相无人相
无眾生相无壽者相是故湏菩提菩薩應離
一切相發阿耨多羅三藐三菩提心不應住
色生心不應住聲香味觸法生心應生无所
住心若心有住則為非住是故佛說菩薩心
不應住色布施湏菩提菩薩為利益一切眾
生應如是布施如來說一切諸相即是非相
又說一切眾生則非眾生湏菩提如來是真
語者實語者如語者不誑語者不異語者湏
菩提如來所得法此法无實无虛湏菩提若
菩薩心住於法而行布施如人入闇則无所
見若菩薩心不住法而行布施如人有目日
光明照見種種色湏菩提當來之世若有善
男子善女人能於此經受持讀誦則為如來
以佛智慧悉知是人悉見是人皆得成就无
量无邊功德

持經功德分第十五

湏菩提若有善男子善女人初日分以恒河
沙等身布施中日分復以恒河沙等身布施
後日分亦以恒河沙等身布施如是无量百
千万億劫以身布施若復有人聞此經典信
心不逆其福勝彼何況書寫受持讀誦為人

究竟无我分第十七

尒時湏菩提白佛言世尊善男子善女人發
阿耨多羅三藐三菩提心云何應住云何降
伏其心佛告湏菩提善男子善女人發阿耨
多羅三藐三菩提心者當生如是心我應滅度
一切眾生滅度一切眾生已而无有一眾生
實滅度者何以故湏菩提若菩薩有我相人
相眾生相壽者相則非菩薩所以者何湏菩
提實无有法發阿耨多羅三藐三菩提者湏
菩提於意云何如來於然燈佛所有法得阿
耨多羅三藐三菩提不不也世尊如我解佛
所說義佛於然燈佛所无有法得阿耨多羅
三藐三菩提佛言如是如是湏菩提實无有
法如來得阿耨多羅三藐三菩提湏菩提若
有法如來得阿耨多羅三藐三菩提者然燈
佛則不與我受記汝於來世當得作佛號釋
迦牟尼以實无有法得阿耨多羅三藐三菩
提是故然燈佛與我受記作是言汝於來世
當得作佛號釋迦牟尼何以故如來者即諸
法如義若有人言如來得阿耨多羅三藐三
菩提湏菩提實无有法佛得阿耨多羅三藐
三菩提湏菩提如來所得阿耨多羅三藐三
菩提於是中无實无虛是故如來說一切法
皆是佛法湏菩提所言一切法者即非一切
法是故名一切法湏菩提譬如人身長大湏
菩提言世尊如來說人身長大則為非大身
是名大身湏菩提菩薩亦如是若作是言我
當滅度无量眾生則不名菩薩何以故湏菩

大千世界所有微塵是為多不須菩提言甚多世尊須菩提諸微塵如來說非微塵是名微塵如來說世界非世界是名世界須菩提於意云何可以三十二相見如來不不也世尊不可以三十二相得見如來何以故如來說三十二相即是非相是名三十二相須菩提若有善男子善女人以恒河沙等身命布施若復有人於此經中乃至受持四句偈等為他人說其福甚多

## 離相寂滅分第十四

爾時須菩提聞說是經深解義趣涕淚悲泣而白佛言希有世尊佛說如是甚深經典我從昔來所得慧眼未曾得聞如是之經世尊若復有人得聞是經信心清淨則生實相當知是人成就第一希有功德世尊是實相者則是非相是故如來說名實相世尊我今得聞如是經典信解受持不足為難若當來世後五百歲其有眾生得聞是經信解受持是人則為第一希有何以故此人無我相無人相無眾生相無壽者相所以者何我相即是非相人相眾生相壽者相即是非相何以故離一切諸相則名諸佛佛告須菩提如是如是若復有人得聞是經不驚不怖不畏當知是人甚為希有何以故須菩提如來說第一波羅蜜即非第一波羅蜜是名第一波羅蜜須菩提忍辱波羅蜜如來說非忍辱波羅蜜何以故須

解說須菩提以要言之是經有不可思議不可稱量無邊功德如來為發大乘者說為發最上乘者說若有人能受持讀誦廣為人說如來悉知是人悉見是人皆得成就不可量不可稱無有邊不可思議功德如是人等則為荷擔如來阿耨多羅三藐三菩提何以故須菩提若樂小法者著我見人見眾生見壽者見則於此經不能聽受讀誦為人解說須菩提在在處處若有此經一切世間天人阿修羅所應供養當知此處則為是塔皆應恭敬作禮圍繞以諸華香而散其處

## 能淨業障分第十六

復次須菩提善男子善女人受持讀誦此經若為人輕賤是人先世罪業應墮惡道以今世人輕賤故先世罪業則為消滅當得阿耨多羅三藐三菩提須菩提我念過去無量阿僧祇劫於然燈佛前得值八百四千萬億那由他諸佛悉皆供養承事無空過者若復有人於後末世能受持讀誦此經所得功德於我所供養諸佛功德百分不及一千萬億分乃至算數譬喻所不能及須菩提若善男子善女人於後末世有受持讀誦此經所得功德我若具說者或有人聞心則狂亂狐疑不信須菩提當知是經義不可思議果報亦不可思議

菩提如我昔為歌利王割截身體我於爾時無我相無人相無眾生相無壽者相何以故我於往昔節節支解時若有我相人相眾生相壽者相應生瞋恨須菩提又念過去於五百世作忍辱仙人於爾所世無我相無人相無眾生相無壽者相

我無人無眾生無壽者須菩提若菩薩作是言我當莊嚴佛土者即非莊嚴是名莊嚴須菩提若菩薩通達無我法者如來說名真是菩薩

## 一切同觀分第十八

須菩提於意云何如來有肉眼不如是世尊如來有肉眼須菩提於意云何如來有天眼不如是世尊如來有天眼須菩提於意云何如來有慧眼不如是世尊如來有慧眼須菩提於意云何如來有法眼不如是世尊如來有法眼須菩提於意云何如來有佛眼不如是世尊如來有佛眼須菩提於意云何如恒河中所有沙佛說是沙不如是世尊如來說是沙須菩提於意云何如一恒河中所有沙有如是等恒河是諸恒河所有沙數佛世界如是寧為多不甚多世尊佛告須菩提爾所國土中所有眾生若干種心如來悉知何以故如來說諸心皆為非心是名為心所以者何須菩提過去心不可得現在心不可得未來心不可得

心不可得

法界通化分第十九

須菩提於意云何若有人滿三千大千世界
七寶以用布施是人以是因緣得福多不如
是世尊以此人以是因緣得福甚多須菩提若
福德有實如來不說得福德多以福德無故
如來說得福德多

離色離相分第二十

須菩提於意云何佛可以具足色身見不不
也世尊如來不應以具足色身見何以故如
來說具足色身即非具足色身是名具足色
身須菩提於意云何如來可以具足諸相見
不不也世尊如來不應以具足諸相見何以
故如來說諸相具足即非具足是名諸相具
足

非說所說分第二十一

須菩提汝勿謂如來作是念我當有所說法
莫作是念何以故若人言如來有所說法即

福智無比分第二十四

須菩提若三千大千世界中所有諸須彌山
王如是等七寶聚有人持用布施若人以此
般若波羅蜜經乃至四句偈等受持讀誦為
他人說於前福德百分不及一百千萬億分
乃至算數譬喻所不能及

化無所化分第二十五

須菩提於意云何汝等勿謂如來作是念我
當度眾生須菩提莫作是念何以故實無有
眾生如來度者若有眾生如來度者如來則
有我人眾生壽者須菩提如來說有我者則
非有我而凡夫之人以為有我須菩提凡夫
者如來說則非凡夫

不受不貪分第二十八

須菩提若菩薩以滿恒河沙等世界七寶布
施若復有人知一切法無我得成於忍此菩
薩勝前菩薩所得功德須菩提以諸菩薩不
受福德故須菩提白佛言世尊云何菩薩不
受福德須菩提菩薩所作福德不應貪著是
故說不受福德

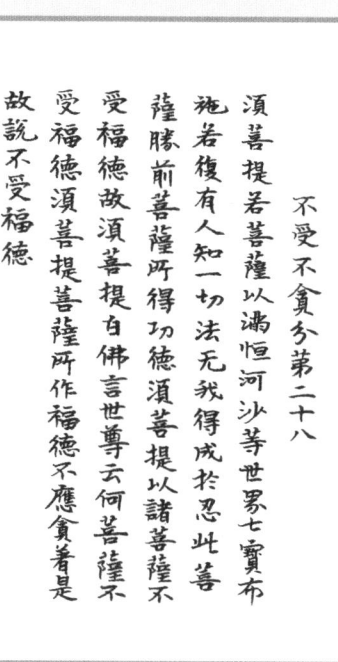

威儀寂靜分第二十九

須菩提若有人言如來若來若去若坐若臥
是人不解我所說義何以故如來者無所從
來亦無所去故名如來

須菩提若善男子善女人以三千大千世界
碎為微塵於意云何是微塵眾寧為多不甚
多世尊何以故若是微塵眾實有者佛則不
說是微塵眾所以者何佛說微塵眾則非微
塵眾是名微塵眾世尊如來所說三千大千
世界則非世界是名世界何以故若世界實
有者則是一合相如來說一合相則非一合
相是名一合相須菩提一合相者則是不可
說但凡夫之人貪著其事

須菩提眾生眾生者如來說非眾生是名眾
生

不佛言須菩提彼非眾生非不眾生何以故

世尊頗有眾生於未來世聞說是法生信心

法可說是名說法

### 无法可得分第二十二

須菩提白佛言世尊佛得阿耨多羅三藐三
菩提為无所得耶如是如是須菩提我於阿
耨多羅三藐三菩提乃至无有少法可得是
名阿耨多羅三藐三菩提

### 净心行善分第二十三

復次須菩提是法平等无有高下是名阿耨
多羅三藐三菩提以无我无人无眾生无壽
者修一切善法則得阿耨多羅三藐三菩提
須菩提所言善法者如來說非善法是名善
法

### 法身非相分第二十六

須菩提於意云何可以三十二相觀如來不
須菩提言如是如是以三十二相觀如來
佛言須菩提若以三十二相觀如來者轉輪聖
王則是如來須菩提白佛言世尊如我解佛
所說義不應以三十二相觀如來爾時世尊
而說偈言若以色見我以音聲求我是人行
邪道不能見如來

### 无断无灭分第二十七

須菩提汝若作是念如來不以具足相故得
阿耨多羅三藐三菩提須菩提莫作是念如
來不以具足相故得阿耨多羅三藐三菩提
須菩提汝若作是念發阿耨多羅三藐三菩
提者說諸法斷滅莫作是念何以故發阿
耨多羅三藐三菩提心者於法不說斷滅相

### 知見不生分第三十一

須菩提若人言佛說我見人見眾生見壽者
見須菩提於意云何是人解我所說義不世
尊是人不解如來所說義何以故世尊說我
見人見眾生見壽者見即非我見人見眾生
見壽者見是名我見人見眾生見壽者見
須菩提發阿耨多羅三藐三菩提心者於一切
法應如是知如是見如是信解不生法相須
菩提所言法相者如來說即非法相是名法
相

須菩提若有人以滿无量阿僧祇世界七寶
持用布施若有善男子善女人發菩薩心者
持於此經乃至四句偈等受持讀誦為人演
說其福勝彼云何為人演說不取於相如如
不動何以故一切有為法如夢幻泡影如露
亦如電應作如是觀佛說是經已長老須菩
提及諸比丘比丘尼優婆塞優婆夷一切世
閒天人阿脩羅聞佛所說皆大歡喜信受奉
行

金剛般若波羅蜜經

真言

那謨婆伽跋帝　鉢喇壤　波羅弭多
曳唵　伊利底　伊室利　輸盧馱
毘舍耶　毘舍耶　莎婆訶

願以此功德　普及於一切
我等與眾生　皆共成佛道

발원문

願滅四生六道　法界有情　多劫生來諸業障
원멸사생육도　법계유정　다겁생래제업장

我今懺悔稽首禮　願諸罪障悉消除　世世常行菩薩道
아금참회계수례　원제죄장실소제　세세상행보살도

願以此功德　普及於一切　我等與衆生
원이차공덕　보급어일체　아등여중생

當生極樂國　同見無量壽　皆共成佛道
당생극락국　동견무량수　개공성불도

년　　월　　일


발원제자 :

**편저_ 선웅** 禪雄

동국대학교 불교학과 졸업.
군승(육군) 전역.
통도사 승가대학 졸업.
전 대한불교조계종 포교원 포교국장.
전 통영 용화사 주지.

**변상_ 최학**

동국대학교 예술대학 불교미술학과 졸업.
동국대학교 일반대학원 불교미술전공 석사.
동국대학교 일반대학원 불교미술전공 박사과정 수료.
현) 불교문화재연구소.

**사경_ 리송재**

계명대학교 미술대학 서예학과 졸업.
동아대학교 인문대학 고고미술사학과 불교미술사전공 석사.
성균관대학교 인문대학 문헌정보학과 서지학전공 박사과정 수료.
현) 불교문화재연구소.

사불과 사경으로 새기는
# 금강반야바라밀경

| 초판 1쇄 발행_ 2017년 9월 30일

| 편저_ 선 웅 | 변상_ 최 학 | 사경_ 리송재

| 펴낸이_ 오세룡
| 편집_ 이연희 박성화 손미숙 손수경
| 취재 · 기획_ 최은영 김수정
| 디자인_ 고혜정 김효선 장혜정
| 홍보 마케팅_ 이주하
| 펴낸곳_ 담앤북스
　　　　서울특별시 종로구 사직로8길 34 (내수동) 경희궁의 아침 3단지 926호
　　　　대표전화 02)765-1251 전송 02)764-1251 전자우편 damnbooks@hanmail.net
　　　　출판등록 제300-2011-115호
| ISBN   979-11-6201-013-6 (03220)

정가 24,000원